Pitsch, Patsch, Putsch!
Das Manifest von Budapest

der Schreibmaschinen Joanna Maria Egger,
Daniel Furxer und Thomas Schafferer

*pyjamaguerilleros**

Pitsch, Patsch, Putsch!

Das Manifest von Budapest

der Schreibmaschinen
Joanna Maria Egger, Daniel Furxer
und Thomas Schafferer

*pyjamaguerilleros**

Bibliographische Informationen der Deutschen Bibliothek
Die Deutsche Bibliothek verzeichnet diese Publikation in der Deutschen Nationalbibliographie; detaillierte bibliographische Daten sind im Internet unter htp://dnb.ddb.de abrufbar.

Pitsch, Patsch, Putsch! Das Manifest von Budapest der Schreibmaschinen Joanna Maria Egger, Daniel Furxer und Thomas Schafferer.

Edition:
pyjamaguerilleros*
Mitterweg 115/25
A-6020 Innsbruck

Cover/Gestaltung/Satz: Kulturrebellen Productions
Collagen: Thomas Schafferer (Anhand v.a. von eigenen Fotos bzw. von Fotos von Joanna Maria Egger u. Daniel Furxer, die in aller Welt und vor allem in Budapest entstanden sind.)
Herstellung: Books on Demand GmbH, Norderstedt

Nr. 11 der Edition
pyjamaguerilleros*

ISBN 978-3-9503021-1-0

Innsbruck 2012

* Kleinverlag von Cognac & Biskotten - Dem Literaturclub mit dem Woh-Aha-Effekt - www.cobi.at

Das Manifest von Budapest

Drei Tiroler Schreibmaschinen auf dem Weg zur Weltherrschaft? Größenwahn? Allmachtsgefühle? Uns-Gehört-die-Welt-Allüren?

Nein.
Ja.

Sie wollen mit ihren Texten die Welt erobern! Sie putschen das, was in dieser Welt hart, menschenverachtend und zynisch ist! Sie öffnen sich selbst und anderen die Augen für die Widersprüche des menschlichen Da-Seins! Sie wünschen sich, dass Menschen sich von ihrer Literatur berühren lassen, bis es brennt! Sie wollen ihre LeserInnen und ZuhörerInnen zum Lachen bringen!

Die Vorgeschichte: Im elften Jahr des Bestehens der Literaturkabarettgruppe „Die Schreibmaschinen", nach Lesungen in Paris, Passau, Prag oder beispielsweise Pfaffenhofen, nach längerem frauenlosen Herumirren als literarische Boygroup auf der Suche nach einer weiblichen Schreibmaschine, hat sich die Gruppe Ende 2011 mit Joanna Maria Egger, Daniel Furxer und Thomas Schafferer neu formiert. Mit neuen Ideen. Mit schriftstellerischer Leidenschaft. Mit Reisefieber. Mit literarisch-kabarettistischem Brennen unter den Fingernägeln. Mit großer Lust, die Welt zu verändern.

Die hier vorliegende Textsammlung „Pitsch, Patsch, Putsch! Das Manifest von Budapest" behandelt jene Themen, die am Weltherrschaftsgipfel der Schreibmaschinen im Jänner 2012 in Budapest erarbeitet wurden: Welten. Widersprüche. Berührungen.

1. Teil – Welten: Reiselustig, mit unzähligen Gesprächen, Gerüchen, Bildern und Geschichten aus der ganzen Welt im Kopf und einem Lächeln im Gesicht, ist die Tatsache, dass sich Lebenswelten unterscheiden und Realitäten vielfältig sein können, einfacher zu ertragen. Alles eine Frage der Perspektive? Finden Sie es heraus!

2. Teil – Widersprüche: Hier wird das eigene Involviert-Sein im Spannungsfeld von Gut und Böse, Politik und Religion, Lachen und Weinen, Klein und Groß, Moral und Lust, Macht und Ohnmacht, Vernunft und Wahnsinn sichtbar. Eine Portion „Widerspruch to go" für Sie? Lassen Sie es sich schmecken!

3. Teil – Berührungen: „Brennen muss es!", so einer der Leitsätze der Schreibmaschinen. Eben nicht maschinell, steril, distanziert, abgepackt und mechanisiert, sondern lebendig, prickelnd, erotisch, kämpferisch, im Liebestaumel und Tränenschleier, mit Haut und Haar, hässlich manchmal und dann wieder wunderbar. Ihnen ist das zu anstrengend? Seien Sie mutig und lassen Sie sich berühren!

„Pitsch, Patsch, Putsch! Das Manifest von Budapest" ist mit seinen witzigen, politischen, religiösen, absurden, reiselustigen, feministischen, inspirativen, radikalen, beinharten und wunderschönen Texten die Abschussrampe, von der die Schreibmaschinen Joanna Maria Egger, Daniel Furxer und Thomas Schafferer hinein ins Leben springen und die Welt erobern möchten.

Kommen Sie mit auf die Reise!

Inhalt

Welten

1	budapest	S. 11
2	Vor meiner Zeit als Rockstar / Ungarn	S. 12
3	Die Dire Straits-Frühstücks-Hotel-Lobby-Tour 2012	S. 15
4	Geil	S. 19
5	Istanbul	S. 20
6	intercultural night	S. 21
7	Vier Bilder mit M. Köhlmeier	S. 23
8	Liebe in Zeiten der Globalisierung	S. 25
9	Gelbes Nervenkleid in Cinque Terre	S. 26
10	Vor meiner Zeit als Rockstar / Südafrika	S. 28
11	Homo Politicus Animalis	S. 30
12	Georgische Parkgedanken	S. 31

Widersprüche

1	Im Land der Mehrdeutigkeiten	S. 35
2	Vor meiner Zeit als Rockstar / Antarktis	S. 36
3	Kopftuchland	S. 39
4	wenn feministinnen schreiben	S. 41
5	Muttertag 2012	S. 42
6	und wenn man dann...	S. 43
7	Das Schloss	S. 45
8	Politik im Sack	S. 48
9	Der schiefe Leseturm von Pisa	S. 49
10	(Ohne Titel)	S. 53
11	Austauschsemester - oder: Vom Kleinstadtkomplex	S. 54
12	Klein - Eine Relationsangelegenheit	S. 55
13	Vor meiner Zeit als Rockstar / Japan	S. 58

14	Literatur im Wald	S. 60
15	Meine feministische Bergtour	S. 61
16	Schwitz 1	S. 63
17	Schwitz 2	S. 64
18	Vor meiner Zeit als Rockstar / Argentinien	S. 65
19	Frauensolidarität auf Fischkopfbrot	S. 68
20	Vorabende	S. 69

Berührungen

1	Maria Compassia Valeria Intensiva	S. 73
2	Fremd	S. 74
3	Wartesäle dieser Welt	S. 75
4	Vor meiner Zeit als Rockstar / México	S. 79
5	Frauenbegegnungen	S. 82
6	Verschneite Spur	S. 84
7	Vor meiner Zeit als Rockstar / Australien	S. 87
8	(ohne titel)	S. 90
9	Giorgi, der Abchase	S. 92
10	MusikDu	S. 93

Welten

Welten

budapest[1]

budapesten
verpesten
mit meinem gedankensmog
smog i nit

Vor meiner Zeit als Rockstar lebte ich einige Jahre in Ungarn...[3]

...und hatte ein ehemaliges Badehaus im jüdischen Viertel von Budapest gemietet. In der Dohány utca stand dieses heruntergekommene Jugendstilgebäude, das eine wechselhafte Geschichte durchlebt hatte. Einstmals war es ein prächtiger Badetempel, dann ein Hotel und zugleich ein Ort, wo jahrelang Varietévorstellungen und Theateraufführungen dargeboten wurden. Bis es schließlich ab den siebziger Jahren nicht mehr genutzt wurde und zusehends verkam. Wunderschöne Keramiken und Fliesen wurden gestohlen, viele Teile des Bades geplündert. Obdachlose wohnten in jenem imposanten, jedoch baufälligen Gebäude, um einen Platz zum Überleben zu haben.

Mitte der Siebziger war dann meine Zeit gekommen. Lange hatte ich nach adäquaten Räumlichkeiten für den Aufbau meines Familienbetriebes gesucht und nur durch einen Zufall war ich auf dieses leer stehende Bauwerk gestoßen. Als ich nämlich eines Wintertages im Széchenyi-Bad, dem größten Heilbad Europas zum Schachspielen im Freibadbereich vorbeischaute, wurden mir durch den dampfenden Nebel Wortfetzen zugetragen, an die ich mich bis heute erinnere. Zwei ältere Damen unterhielten sich über den ruinösen Zustand eines gewissen „Hungaria-Bades“, das ich vorher nicht gekannt hatte und beklagten den heruntergekommenen Zustand.

Wenige Wochen später zog ich bereits mit Sack, Pack und meiner Großfamilie in die desolaten Mauern des Bades ein. Vom einstmaligen Badetempel war zwar wenig übrig geblieben, dennoch war es der ideale Ort um Schreibblöcke zu produzieren. In den Relikten der alten

Becken und Kessel gewannen wir durch chemische Verfahren aus Holzfasern Zellstoff und verarbeiteten diesen Brei mittels uralter Geheimrezepturen weiter. Während auf dem alten Plattenspieler irgendein Stück von Béla Bartók seine Runden drehte und unserer Papierherstellung einen orchestralen Anstrich verpasste, wurde gesiebt, gepresst, gebacken, veredelt, gebügelt, geschnitten, was uns großes Vergnügen bereitete.
Am Ende unserer großfamiliären Schwerarbeit stand ein hochwertiger Schreibblock, der robust, langlebig und leistbar war. Was mir kurzzeitig Ruhm als Ostblock-Star einbrachte, denn „Ostblock" hieß unser strapazierfähiger Schreibblock, der sich sensationell verkaufte. Mir damals unbekannte Schriftsteller wie Imre Kertész oder Péter Esterházy schauten persönlich in unserer Papierfabrik vorbei, um sich größere Mengen an Schreibblöcken zu einem unschlagbar günstigen Ab-Werk-Preis zu besorgen.
In jeder Schule, in jedem Büro, in jedem Haushalt in Ungarn, Polen, Bulgarien, Albanien, Rumänien, in der Tschechoslowakei, der DDR und der Sowjetunion war der Ostblock zu finden, den wir in unserer lustigen Baracke in schweißtreibender Handarbeit hergestellt hatten. Und es kam dann sogar soweit, dass die Warschauer-Pakt-Staaten im Westen als „Ostblock" bezeichnet wurden, da unser Schreibblock als ein Symbol für Stabilität und Beständigkeit galt.
Viele Jahre später beschloss ich dann gemeinsam mit meiner Roma-Großfamilie die Fabrik aufzugeben, aus dem ehemaligen Hungaria-Bad wieder auszuziehen und uns neuen Aufgaben zu widmen. In weiterer Folge kaufte ein Investor das vom Einsturz bedrohte Gebäude und errichtete unter Einbeziehung der historischen Substanz ein wunderschönes Thermalhotel namens „Conti-

nental Hotel Zara“, in das ich im Jahre 2012 mit den Schreibmaschinen zurückkehrte, um das Manifest von Budapest zu verfassen.

Die Dire Straits-Frühstücks-Hotel-Lobby-Tour 2012[2]

Ich habe in den Tourtagebüchern der Dire Straits nachgesehen. Offiziell haben sie sich 1995 aufgelöst. Seither tourt Mark Knopfler solo um den Erdball, etwas weniger spektakulär, mit weniger Tam Tam und mit sinkender Aufmerksamkeit. Immerhin durfte Mark als Vorband des Altbarden Bob Dylan aufgeigen, was ja an sich schon eine besondere Ehre ist.

In Budapest wurde ich jedoch Zeuge einer der spektakulärsten Band Reunionen seit Menschengedenken, oder seit der Hype um die Rockopas modern geworden war. Nichts ahnend saß ich am Morgen des 5. Jänners 2012 mit meinen beiden anderen Schreibmaschinen im Frühstücksspeiseraum des Vier Sterne Continental Hotel Zara.

2012, ein wunderbares Jahr, wahrscheinlich das letzte, wenn man den Mayas glauben durfte, hatte gerade erst begonnen. Wir waren damals dort, um unsere Weltherrschaft bis ins kleinste Detail zu planen, so dass uns, nicht wie „Pinky and the Brain“, zu viele Fehler unterlaufen würden. Also, ich belegte mir gerade ein herrliches Lachsbrötchen als Mark Knopfler zu seinem Wahnsinnssolo in seinem ebenso perfekten Song „Sultans of Swing“ ausholte.

Ich blickte nach rechts, ich blickte nach links. Nirgends war eine Bühne zu sehen, weit und breit keine Dire Straits, die Beschallung kam lediglich aus den Boxen. Aber nein, das war keine CD, die abgespielt wurde, auch keine MP3. Das war live, das spürte ich sofort.

Mein absolutes Gehör täuschte mich nicht. Aber wo hatten sich die Jungs bloß versteckt? Im ersten Stock oder etwa im Spa-Bereich? Kaum vorstellbar, in der Sauna schwitzt man so ausgiebig, da kann man auf der Gitarre kein Solo mehr spielen, nicht einmal Mark Knopfler.

Ganz höflich und dezent fragte ich also unseren privaten Frühstückskellner, wo sich denn die Dire Straits versteckten. Er flüsterte mir ins Ohr: „Psst, streng geheim, die Dire Straits sind wieder auf Tour, auf Frühstücks-Hotel-Lobby-Tour. Übrigens sie heißen jetzt „Eier-Straits, originell nicht? Das darf aber niemand erfahren, sie möchten da kein großes Aufsehen drum machen. Sie wollen nur ihre Geldbörse etwas aufbessern." „Ja, aber wo spielen sie denn nun?" Der Frühstückskellner deutete auf eine kleine Tür. „Da drin, in der Abstellkammer, sieben Quadratmeter. Aber sie passen alle hinein, zum Glück. Einen größeren Raum hatten wir leider nicht."

Aha, ich stellte mir Mark Knopfler vor, wie er sein Gitarrensolo einhändig spielte, weil sonst zu wenig Platz war. Der Schlagzeuger hatte noch weniger Platz, trotzdem verspielte er sich nie. David Knopfler hingegen war nie zu hören, hatte er sich doch schon in den Anfangsjahren von der Band getrennt, weil sehr eifersüchtig auf seinen Bruder, so meinte es zumindest die Klatschpresse.

Alle ihre Hits spielten sie mehrmals rauf und runter: Romeo and Juliet, Sultans of Swing, Walk of Life, Money for Nothing und Brothers in Arms. Ich war begeistert und spendete spontan Applaus, minutenlange Standing Ovations, während ich mein Müsli verdrückte. Ich war allerdings der einzige unter den hundert Frühstücksgästen, denn die anderen glaubten wirklich, die Musik käme aus der Konserve.

Groß war meine Verwunderung, als sie an den darauffolgenden drei Morgen auch noch da waren und ihre Hits, einen nach dem anderen wieder und wieder abspielten, oder besser gesagt abspulten. Die Dire Straits gaben ein Vierfach-Konzert, ein Wahnsinn, es war sozusagen IHRE Woche im Vier Sterne Hotel Zara in Budapest. In der Woche darauf würden sie dann die Straßenseite wechseln und im Fünf Sterne Hotel Leander spielen, wie mir der Frühstückskellner mit seinem Insiderwissen versicherte. Außerdem wurden die Dire Straits, trotz ihres neuen Rekords, vier Personen mit allem Equipment auf sieben Quadratmeter spielend, nicht reich. Pro Auftritt bekamen sie 1000 ungarische Forint, was rund 3 Euro entspricht. Und der Eintrag ins Guiness-Buch der Rekorde blieb ihnen aufgrund eines Formalfehlers leider verwehrt. Mark Knopfler hat sich in der ersten Strophe von „Walk of Life“ versungen.

Nach dem letzen Konzert konnte ich einen Blick auf Mark Knopfler erhaschen, völlig abgemagert ging er zum Buffet und holte sich ein Marmeladebrot. Kein Wunder, bei dieser Schinderei, für Null Applaus und in einer Besenkammer als Bühne. Das muss man erst einmal verkraften. Ich half Mark schließlich, sein Marmeladebrot zu streichen. Seit damals sind wir die besten Freunde.

és
MŰTEREM
25 SZ. A KAZINCZY UTCZA

Geil[1]

tanze mit Slowenin
flirte mit Russen
diskutiere mit Axamer

schlafe mit Armenierin
spreche mit Norweger
lache mit Weissrussin

scherze mit Steirer
jodle mit Amerikanerin
trinke mit Moldawier

Globalisierung ist geil!

Istanbul [1]

Deine Transvestiten, Straßen, Shoppingmassen
Dein Atmen, Grunzen, Schreien

Deine Tee-Verkäufer, Handy-Männer, Stöckel-Frauen
Dein Singen, Fressen, Tanzen

Dein MenschAnMenschAnMenschAnMensch
Dein Alles-dreht-sich-nur-um-dich

lieb ich fürchterlich!

intercultural night [1]

Jahr für Jahr für Jahr für Jahr am internationalen
Parkett: „intercultural night".
Die Haare stehen mir zu Berge, ich kenn das schon:
Während Armenierinnen Tänze einstudieren,
Aserbaidschaner Leckereien backen,
Ukrainerinnen Lieder singen und
Türken die Flagge hießen,
steht Österreich am Rand und
lutscht verlegen an seiner Mozartkugel.

Sas Bernát, dr.
Sátelesz Sándorné
Sátor Zsigmondné

Vier Bilder mit M. Köhlmeier[2]

1. Bild

Ich sitze im Zug von Bregenz nach Rankweil. Plötzlich schaue ich nach links und sehe Michael Köhlmeier. „Aha“, denke ich mir „auch berühmte Autoren fahren mit dem Zug“. In meinem Teenager-Übermut setze ich mich neben ihn und sage: „Meine Mama ist ein ganz großer Fan von ihnen. Sie hat alle Sagen des klassischen Altertums gelesen“. Er: „Dann sag deiner Mutter einen schönen Gruß“.

2. Bild

Jahre später. Ich sitze im Regionalzug von Rankweil nach Dornbirn. Plötzlich blicke ich auf und sehe Michael Köhlmeier, wie er in seinem neuen Buch „Dein Zimmer für mich allein“ liest. „Komisch“, denke ich mir, „der liest seine eigenen Bücher.“ Frech wie ich bin, setze ich mich zu ihm und frage ihn: „Warum lesen sie ihr eigenes Buch?“. Er: „Ich bin gerade am Korrekturlesen, etwas spät aber doch.“ Dann steigt er unvermittelt in Altach aus.

3. Bild

Noch ein paar Jahre später. Ich sitze mit meiner Freundin im Regionalzug von Rankweil nach Lindau. Plötzlich sehe ich unseren Michael Köhlmeier. Er sitzt mit einem alten Koffer schräg gegenüber. „Aha“, denke ich, „er will wohl verreisen.“ Die Süddeutsche hat er seitlich an seinen Koffer geklemmt. Wir beschließen, ihm unauffällig zu folgen. Wir wollen das Geheimnis seiner Zugfahrten genauer ergründen. In Lindau steigt er und wir mit ihm aus. Wir schleichen ihm bis in die Bahnhofshalle nach. Dann nimmt er eine Abzweigung nach rechts und verschwindet abrupt auf der Herrentoilette. Solange wir auch warten, er kommt nicht mehr heraus.

4. Bild

Innsbruck, Couch Club: Wir präsentieren unsere neueste Cognac & Biskotten - Ausgabe, die Schallplattenausgabe. Michael Köhlmeier ist unser Gaststar. Er liest seinen Text „Din Rosabom“. „Aha“, denke ich mir, „das ist das erste Mal, dass ich Michael Köhlmeier nicht im Zug treffe.“ Ich will ihn auf diesen doch ungewöhnlichen Umstand hinweisen. In meinem Übermut setze ich mich neben ihn. Plötzlich blickt er auf die Uhr und sagt: „Ich muss jetzt auf den Zug“.

Liebe in Zeiten der Globalisierung[1]

Jan @ Erasmus-Jahr in Kopenhagen
Zafdar@ Freiwilligeneinsatz in Kashmir
Guiseppe @ Contact-Making-Seminar in Padua

Julio @ Trampen durch Extremadura
Mary @ Arbeitstraining in Plymoth
Hannes @ Warten in Frankfurt

Murat @ Forschungsprojekt in Istanbul
Ville @ Leonardo-Praktikum in Jyväskylä
Anke @ Kurztrip nach Berlin

Giorgi @ Filmprojekt in Süd-Ossetien
Florent @ UN-Hearing in Paris
Juana @ Trekking-Wochenende in Peru

Ein Kuss.
Du berührst mein Herz.

Und: Let's stay in touch!

Gelbes Nervenkleid in Cinque Terre [1]

Ganz einsam
nur
mit zwei maulenden Freundinnen in Flipflops
über schmale Steintreppen
und schwitzenden, sonnenstichigen kanadischen
Gruppen im Gänsemarsch.
Via dell' Amore! Via del Dolore!
Zu wenig Wasser, das Nervenkleid zu dünn!
Ich sauge mich am wilden Zitronenbaum fest
und wäre gern ein Falter.

SHED
AFRIC

Vor meiner Zeit als Rockstar lebte ich einige Jahre in Südafrika...[3]

...und betrieb im Krüger-Nationalpark einen Schnellimbiss mit angeschlossener Metzgerei. „Die Savannenpfanne“ war eine kleine Wirtschaft im Lower Sabie Camp, die vor allem mit ihrem Werbespruch „Geht's der Wirtschaft gut, geht's uns allen gut“ über die Landesgrenzen hinaus Bekanntheit erlangte. Anwohner, NationalparkmitarbeiterInnen, wie auch TouristInnen waren begeistert von den Delikatessen, die ich in meinem kleinen Laden frisch zubereitete, aber auch ultrahocherhitzt oder schockgefrostet verpackt verkaufte.
Nachhaltigkeit, regionale Produkte mit Herkunftsgarantie, sowie „natierliche“ Inhaltsstoffe mit ökologischem Fußabdruck waren mir enorm wichtig. Gerade die hauseigene Schlachtung ermöglichte es mir ohne Unterbrechung der Kühlkette und vor allem unbürokratisch die reichhaltige Fauna und Flora des Nationalparks in schmackhafte Speisen zu verwandeln. Mein Aushängeschild war seit jeher die vorbildliche Marke „Bio vom Zwerg-Löwen“ aus eigener Aufzucht. Preiswerte Mittagsmenüs bestehend aus Flusspferdsuppe mit Kobra-Croutons als Vorspeise, Gnu-Ragout nach Lumumba-Art oder gebratener Zebra-Leber mit Maulbeerfeigen als Hauptspeise und Limetten-Giraffen-Parfait als Dessert sprachen sich schnell herum.
Täglich besuchten mich zur Mittagszeit rund vierhundert Gäste in meinem behördlich auf sechzehn Sitzplätze begrenzten Restaurant in der Savanne. Aber auch zwischendurch schaute manch ein Wilderer, Elfenbeinschmuggler oder Söldner auf einen kurzen Schwatz auf meiner einladenden Terrasse über dem Sabie-Fluss vorbei, um sich einen Kroko-Schoko-Shake oder einen

Snack zu gönnen. Nasshornchips, Burenwurst, kalter Warzenschweinsbraten, Leberwurstbaumgröstl, Elefantenkalbsschnitzel oder Honigdachskompott zogen immer, während Vusi Mahlasela von der Demokassette sang und sich selbst auf einem mit Angelschnursaiten bespannten Ölkanister begleitete.

Ein Geheimtipp war übrigens mein köstliches Springbockmousaká mit Wilddattelfüllung, das ich im Frühling bei Staatsempfängen für US-amerikanische Reisegruppen dann als Spring-Break-Bock-Massaker kredenzte. Natürlich inklusive starkem Spring-Bockbier. Mir lag die exquisite Zubereitung dieser Antilopenart einfach sehr am Herzen. Was mir kurzzeitig Ruhm als Springbock-Star einbrachte, aber mir leider auch zum Verhängnis wurde: Dem Apartheid-Regime lag meine Verarbeitung des Springbocks nämlich schwer im Magen, denn wir schrieben das Jahr 1986. Das Verkochen des Nationaltieres, des Nationalsymbols, des Symbols der südafrikanischen Apartheid schlechthin wurde unerklärlicherweise als politische Provokation aufgefasst und so landete ich im Gefängnis.

Da aber dort niemand etwas gegen meine Kochkünste einwenden konnte, durfte ich im Kerker sogar eine kleine Garzelle einrichten, wo ich Tag für Tag für sämtliche Insassen und Wärter köstliches Gazellenfleisch brutzelte, bis ich nach neun Jahren endlich wieder entlassen wurde.

Homo Politicus Animalis [1]

„Auf zur Jagd!“
schreit der Tiroler Politiker im Kaukasus.

Der Kaspische Bergfasan - PENG!
Die Prometheus-Maus - PENG!
Die Kaukaische bzw. Gehörnte Viper - PENG!
Die Gudaurische Wühlmaus - PENG!

„Wir müssen den Gürtel enger schnallen!“
schreit er.

Georgische Parkgedanken [1]

Auch hier wird flaniert & geküsst
der SpongeBobBallon schrumpelt
der Kriegsversehrte humpelt

GlitzerBrücke führt zur BuddhaBar
SecurityGuy hält Bettelnde vom Betteln ab

AmerikaPop im TeeCafé
Frauen in Rüschen lösen georgisches Sudoku
Tiflis - du bröckelst/atmest/lebst so sehr!

Widersprüche

Im Land der Mehrdeutigkeiten [1]

Plötzlich, unbemerkt, ganz leise übertrete ich die
Schwelle ins Land der Mehrdeutigkeiten:

Wandle auf den verschlungenen Straßen des
Erwachsen-Seins (verdammt! nicht mal der
Zebrastreifen ist hier schwarz-weiß!)
sehe meinen Ehemann mit dem Schulfreund
meines Bruders, küssend, greifend
stehe am Schalter der Lebensentwürfe und
warte darauf, beraten zu werden
surfe durch das WorldWideWeb, bis ich vor
Schwindel gar nichts mehr weiß
kaufe mir im M-Preis einen Sack voll Alternativen
(bio-fair-regional, versteht sich von selbst)
kotze in einen Teller Sowohl-als-Auch-to-Go
kleide mich feminin-feministisch
klingle verlegen an der Tür von Valeria Confusia
stehe im zugigen Widerspruch
betrete die Wohnung der FremgeherInnen
schnuppere am Hals der Komplexität
schmuse mit Andrea, Transgender aus Palermo
knabbere am Ohrläppchen des Schauma Amal
halte Händchen mit Nuur NixFixes
adde Gut und Böse als Facebook-FreundInnen

tanze auf Frischmuths „Trotzdem-Fest“ und
durchforste die Schubladen ihrer Villa

auf der Suche
nach der Klarheit meiner Jugend.

Vor meiner Zeit als Rockstar lebte ich einige Jahre in der Antarktis...[3]

...und arbeitete in der russischen Forschungsstation Wostok in einem Stripschuppen als Tabledancer. Es klang zwar wie ein Widerspruch sich an jenem Ort, an dem im Jahr 1983 mit -89,2 °C die tiefste Temperatur, die jemals auf der Erde gemessen wurde, auszuziehen. Jedoch hatte es im Inneren des Tabledancecontainers meistens schnuckelige -15 °C und ich musste mich lediglich bis zur zweiten Lage Schiunterwäsche entblößen. Meine goldene, mit glitzernden Pailletten und Swarovski-Steinchen besetzte Elvis-Schiunterwäsche heizte den durchgefrorenen, ausgezehrten Wodka bechernden ForscherInnen, TechnikerInnen und BesucherInnen mächtig ein. Meine aufgenähten Brustwarzen-Hütchen mit Quasten sorgten bei meinen, bis ins kleinste Detail choreographierten, Tanzeinlagen für den nötigen Schuss Erotik. Dem Publikum war es dann auch egal, wenn ich meine Fellmütze aufbehielt, um meine Ohren zu schützen. Zumal Joe Cocker ohnedies in einer Endlosschleife „You Can Leave Your Hat On“ verlautbarte.

Nach einigen bedauerlichen Betriebsunfällen, bei denen ich aus Unachtsamkeit festgefroren war und mühevoll mit dem Bunsenbrenner befreit werden musste, verzichtete ich auch auf den Einsatz einer Stripstange. Trotzdem kam ich gut an. Was sich auch darin äußerte, dass mir während meiner stundenlangen Show Schein um Schein in die Schiunterwäsche gesteckt wurde. Ausgestopft mit all den Banknoten fühlte ich mich am Ende eines jeden Abends wie ein Model aus einem Katalog für Mollige. Ja, so konnte ich mein Studium finanzieren. Und da ansonsten wenige Studentenjobs auf den Schwarzen Brettern am Südpol zu finden waren, nahm

ich diesen Job sofort an, als es mich durch ein internationales Studentenaustauschprogramm hierher verschlagen hatte.
Ursprünglich wurde auf jenem schäbigen Aushang, wo noch kein Zettelchen abgerissen worden war, jemand gesucht, der sich um das Kulturprogramm der Station Wostok kümmern sollte. Erst im Vorstellungsgespräch rückten die Stationsbetreiber dann mit der Sprache raus. Was mir schlussendlich egal war, denn ich verdiente gut, konnte hier mein Biologiestudium vorantreiben und hatte genügend Freizeit.
Tagsüber putzte ich die Tische, auf denen ich abends tanzte. Hin und wieder musste ich sie reparieren, falls sie aufgrund meiner Tischtanzkünste zusammengebrochen waren. Ausschlaggebend dafür waren meistens meine Schischuhe, die ich wegen der Kälte trug. Manchmal war daran aber auch die große Menge an Münzgeld oder Sparschweinen, die mir zugesteckt wurde, schuld.
Wenn ich nichts anderes zu tun hatte, kaufte ich mir an der Tankstelle ein Eis, machte ausgedehnte Spaziergänge durch die Stille, auf die prächtigen Blaueisfelder hinaus oder hinüber zum Pol der Unzugänglichkeit. Im Mitternachtssonnenschein fuhr ich ab und zu mit dem Hundeschlitten durch die unendliche Weißheit, um für die Brettljause einen Seeleoparden zu schießen. Meistens trieb ich mich aber in den Gewächshäusern der Station rum, um die Aufzucht von Eisblumen hautnah mitzuerleben und darüber meine Diplomarbeit zu schreiben.
Natürlich interessierte ich mich auch für die Bohrungen zum hier rund viertausend Meter unter dem Eis gelegenen Wostoksee, der auf ein Alter von 420.000 Jahren datiert wurde. Denn ich schnitzte aus den Eisblöcken,

die aus der Tiefe kamen und nicht verwendet wurden, lebensechte Skulpturen und Figuren. Womit ich wiederum meinem Auftrag gerecht wurde, mich um das kulturelle Programm der Station Wostok zu kümmern. Was mir kurzzeitig Ruhm als Eisblock-Star einbrachte, denn meine beiden extrem realistischen Bildhauerwerke bzw. naturalistischen Darstellungen von Adolf Hitler und eines Aliens erregten große Aufmerksamkeit.

Allerdings begann man bald an meinem bildhauerischen Talent zu zweifeln, als Wissenschafter tief unter dem Eis der Antarktis, einen seltsamen, fünfhundert Kilometer breiten Einschlagkrater entdeckten. Außerdem tauchten Gerüchte auf, dass Hitlers Überreste am Ende des Krieges für Klonexperimente zum Südpol gebracht worden sein sollen.

Was aber den Glauben an meine künstlerischen Begabungen endgültig versiegen ließ, war das Faktum, dass bei den dilettantischen Auftauversuchen der Wissenschafter keine meiner beiden Skulpturen geschmolzen war. Und nun also ein Alien gemeinsam mit Adolf Hitler in der Sauna der russischen Forschungsstation Wostok saß.

Kopftuchland[1]

Who rules Kopftuchland?

krakeelende Prediger
autoritäre Politiker
machomäßige Besser-Wisser
I giva a shit on you

Who rules Kopftuchland?

I scream
you scream
we all scream

for:
Frauen fragen
zuhören
zutrauen

for:
Frauen fragen
let me be your Forschungssubjekt
and friend

Who rules Kopftuchland?

ÖLÜM

wenn feministinnen schreiben[1]

wenn feministinnen schreiben
dann, ja, dann!
fließt dunkelrotes männerblut
im inn, im inn
rollen patriarchen-köpfe
über die höttingergasse
tragen oberländer spekulanten
babys aus
werden aus tiroler kirchen
scheidenkathedralen
(um die große mutter zu ehren,
aus der wir kommen und zu der
wir gehen)
tanzen kahlgeschorene amazonen
am innsbrucker rathausdach
küssen sich wild und brüllen
„hetz hetera, hetz hetera"

Muttertag 2012 [1]

Liebe Mama, sei ja nicht wild
und pass dich an ans Frauenbild.

Muss Erwerbsarbeit doch sein,
springt dann gleich die Omi ein.

Und reicht auch ihr nicht die Pension,
kommt Nanny heim zum Hungerlohn.

Aus Bulgarien, Thailand, sonst woher,
Vater Staat freut das wohl sehr.

So wird Arbeit umverteilt,
Papi hat für Politik und Wirtschaft Zeit.

Mama, jährlich für dich ein Tag,
weil das System deinen Einsatz mag.

und wenn man dann...[3]

die mutter lässt
fährt sie gleich zum
puddingfest oder
nur zum buttertest
als buddha oder
luther gedressed
nach buda oder
pest

Das Schloss[2]

Roger war wirklich sauer. Seit Wochen saß er in seinem kalten Appartement, wohlgemerkt bei −9 °C im Winter, kochte sich einen Kartoffel-Eintopf und hatte sich in warme Decken gewickelt. Heuer war der Winter in Boston besonders streng. Mit der Miete war er bereits zwei Monate im Rückstand und an einen Ausflug nach Washington D.C. war nicht zu denken, denn er konnte sich das Zugticket dafür nicht mehr leisten.

Seine Agentin brüskierte ihn zusätzlich, als er endlich das Geld für seinen Auftritt einforderte. Mit spitzer Zunge meinte sie nur süffisant lächelnd: „Hast du das als Künstler denn so nötig, das Geld?" Ja, hatte er und er war verdammt noch mal im Recht. Drei Monate waren es jetzt her, dass er in der Metropolitan Opera in New York aufgetreten war, aber die Gage war immer noch nicht auf seinem Konto eingetrudelt. Das Büro der Metropolitan Opera hielt ihn mit immer neuen, fadenscheinigen Ausreden hin, von denen ich hier nur einen Bruchteil wiedergeben kann. Der Sekretär war so augenscheinlich nett und nicht aus der Ruhe zu bringen, mit der Bezahlung von Künstlern hatte er aber gewissermaßen ein Problem.

Die beste Ausrede war sicher die, dass er den Code für den Safe, in dem er die Millionen bunkerte, nicht mehr wusste, kurz gefolgt von der schlichten Hinhaltetaktik: „Ich musste mit meinem Hund Pascal spazieren gehen und konnte ihnen deshalb das Geld nicht pünktlich überweisen." Wer sprach denn hier von pünktlich! Roger wäre einfach nur froh gewesen, wenn der mittlerweile nicht mehr ganz so nette Herr ihm endlich die

Kohle ausgehändigt hätte.

Roger schmiedete einen Plan. Mit einem riesigen Sattelschlepper wollte er in die Metropolitan Opera hineinfahren. Als Kunstaktion sozusagen. Das würde ihn zwar keinen Millimeter weiterbringen, was die Gage anbelangte, ein Riesenspektakel und ein Medienecho sondergleichen wären ihm jedoch sicher.

Roger saß zu Hause und las „Das Schloss“ von Franz Kafka. Einer gewissen Ähnlichkeit zu seiner aktuellen Situation konnte er sich nicht erwehren. Nur dass er nicht versuchte, sich dem Schloss anzunähern, sondern einen Weg suchte, an das Geld heranzukommen. Beides war von Mühsal begleitet.

Plötzlich hatte er die zündende Idee: Er könnte die Metropolitan Opera einfach wegsprengen. In seinen Gedanken hatte er es schon längst getan. Das wäre jetzt gerade das richtige Bild, das in seelisch wieder ins Gleichgewicht bringen würde.

„Nein, ich brauche die Rechnung mit Mehrwertsteuer! Ich hatte sie gar nicht gebucht! Ich hatte gemeint sie lesen gratis! Die Lesung war übrigens sauschlecht und ihre Kollegen werde ich wohl wieder einladen, aber dieses komische Gespann, Jesus und Judas, wer soll sich da noch auskennen, das ist überhaupt ja ein bisschen Häresie und Gotteslästerung, und sind sie überhaupt katholisch?“ Der Herr machte ihn fertig, und er sich selber einen Schwarztee.

Es ging um umgerechnet läppische hundert Euro, wer konnte ihm da verübeln, dass er nicht ein bisschen dahinter war, die Kröten in seinen Geldbeutel zu bekommen.

„Aha sie sind Künstler, Multimedia was? Polyphones, polymorphes was? Bitte sprechen Sie doch Englisch mit mir, das versteht doch sonst niemand. Und wissen sie denn nicht, wie schwer es ist, einen Haushalt zu führen, täglich mit dem Hund Gassi zu gehen, eine verärgerte Ehefrau zu beruhigen und dann noch ab und zu eine Männerrunde zu organisieren? Und sie kommen mit ihren abstrusen Gagenforderungen daher. Das soll noch jemand verstehen! Bitte rufen sie mich nicht mehr an, melden sie sich in drei Monaten wieder, vielleicht liegt dann das Geld in meinem Safe und sie können es dann, wenn sie ganz höflich fragen, abholen. Vorausgesetzt ich halte zu der Zeit, zu der sie kommen, nicht gerade ein Mittagschläfchen. Sodala auf Wiederhören."

¡Bumm, Krawumm, Bumm!

Politik im Sack[1]

Und dann kam es soweit, dass ich immer ein paar Benachteiligte in der Tasche hatte: Asylwerberinnen, Menschen mit Behinderung, Drogenkranke, Bildungsferne, Periphere, Drittstaatangehörige, SchulabbrecherInnen, Arbeitslose, AlleinerzieherInnen, Menschen im globalen Süden, Obdachlose und Kopftuchträgerinnen – wild durcheinander gewürfelt und fluchend, weil Jeans so eng. Und ich knalle sie immer dann mit Autoschlüsseln und Tschigg auf den Tisch, wenn mir meine eigene Privilegiertheit auf den Sack geht.

(Inspired by Thomas Schafferer)

Der schiefe Leseturm von Pisa[2]

„Unsere Kinder können nicht mehr sinnerfassend lesen“, las ich, des Lesens noch mächtig, neulich in einer qualitativ hochwertigen Großformatzeitung. Ich überlegte mir, wo das noch alles hinführen würde. Bereits beim letzten Pisatest konnten unsere Kinder nicht mehr sinnerfassend lesen.

Sie haben sich wenigsten nicht verschlechtert, dachte ich mir. Ich war wirklich beruhigt. Sie können noch lesen im Sinne des Zusammenlautens. A... Au... Aut... Auto. Ja, das ist ganz große Weltklasse, denn gestern hatte ich einen schlimmen Traum:

Im Traum war ich Obmann des Vereins für Analphabeten. Genauer gesagt, ich wollte Obmann werden. Schließlich braucht eine so große Gruppe wie die Analphabeten ja eine gesetzliche Vertretung gegenüber der Tiroler Landesregierung. Die Zahl der Analphabeten war in Tirol auf fünfzigtausend Menschen angewachsen.

Die Gründung des Vereins stellte uns aber vor schier unlösbare Probleme. Wir wollten die Statuten festhalten, doch wir fanden, wen wundert es, keinen, der die Statuten niederschreiben konnte. So diktierte eine redegewandte Dame die Statuten auf einen Kassettenrekorder und reichte das Tonband bei der Bezirkshauptmannschaft ein. Ein netter Herr wurde mit einem Päckchen Buchstabensuppe angefüttert und so ging das Medium Tonband als Speicher unserer Statuten des Vereins „Zusammenschluss der analphabetischen Tiroler Ortsgruppen von A wie Absam bis Z wie Zirl“ durch.

Die Wahl des Vereinsvorstandes brachte mich aber nächtlicherweise stark zum Schwitzen. Alle Kandidaten, die sich zur Wahl stellten, konnten ihren eigenen Namen nicht auf die Schiefertafel schreiben, damit die versammelten Mitglieder ihre Namen abschreiben hätten können, so nach dem Abkritzelverfahren.

Da eine Personenwahl jedoch immer geheim abgehalten werden muss, einigten wir uns für ein Kreuz für Kandidat 1, zwei Kreuze für Kandidat 2 und drei Kreuze für Kandidat 3. Die Wahl verlief ohne Probleme, außer dass ein paar Mitglieder nicht wussten, auf welcher Seite der Bleistift zu halten war. Bleistift daher, damit man danach die Wahl besser fälschen könne, falls erforderlich. Einen Radiergummi hatte ich auf jeden Fall dabei.

Die Wahl ging über die Bühne, ich wurde mit großer Mehrheit zum Obmann gewählt. Aus mir noch unerklärlichen Gründen wollte meine Vizeobfrau, die auch zur Schriftführerin ernannt worden war, ihre Wahl nicht annehmen. Als Ausrede fiel ihr lediglich ein, dass ihre Schreibmaschine seit Jahren vor sich hinrosten würde. Ich fand das etwas seltsam.

Voll Schrecken bemerkte ich plötzlich, dass wir für die Jahreshauptversammlung keinen Protokollführer bestimmt hatten. Die Menschheit würde nie erfahren, dass diese Sitzung je stattgefunden hatte, da es kein Protokoll gab. Die vielen Xe auf den unzähligen kleinen Zettelchen würden wahrscheinlich nur notdürftig beweisen können, dass hier eine Wahl stattgefunden hatte, deren Ausgang nicht festgehalten werden konnte.

Jetzt bemerkte ich auch erst, wie sinnlos die strukturierende Maßnahme „Zu Protokoll bitte“ war, als ein jüngerer Herr seine Meinung zur Wahl kundtat.

Als offiziell gewählter Obmann unterbrach ich die Sitzung für eine halbe Stunde. Ich wollte eines der Mitglieder schnell zum „Arbeiterkammer-Grundkurs für Lesen, Schreiben und Rechnen“ schicken. Leider fand ich keinen Freiwilligen, der sich in den Kurs einschreiben wollte. Ja, einschreiben. Für den Kurs musste man ein Anmeldeformular ausfüllen. Ich war verzweifelt.

Ich vertagte die Sitzung auf unbestimmte Zeit, da ich mir nicht mehr sicher war, ob die Mitglieder des neugegründeten Vereins je lesen und schreiben lernen würden.

Schweißgebadet erwachte ich aus meinem Traum, konnte nicht mehr einschlafen und las zum Müdewerden in meinem spannenden Buch „Mimi und ihre Abenteuer“ weiter, nämlich die Seiten 4 bis 7, in Großschrift versteht sich. Ich war glücklich, dass ich alles verstand.

József Söröző

(Ohne Titel)[1]

Als die Kleingeistin
das Viertel der KleinbürgerInnen einer
österreichischen Nein-Stadt erreichte,
kauerte sie sich unter ihren Rettungsschirm
und sehnte sich nach
Griechenland.

Austauschsemester – oder: Vom Kleinstadtkomplex[1]

Yes, my dear fellows:
I studied at Innsbruck University
– the Harvard of the Alps.

Klein - Eine Relationsangelegenheit[2]

Wer denkt, klein ist klein und soll es auch gefälligst bleiben, der irrt. Außerdem: Achtung Falle! „Klein und Groß“ ist eines jener schönen Gegensatzpaare, bei denen man nie genau weiß, wo das eine aufhört und das andere anfängt. Ist ja auch meistens eine Relationsangelegenheit und abhängig von einem bestimmen Bezugsrahmen, der einem sagt, ob etwas klein oder groß ist.

Und dann ist der Wachstumsfaktor meist völlig außen vor: Man nehme zum Beispiel den Samen eines Senfkornes. Aus dem kleinsten Korn auf Gottes Erden entsteht doch bald ein ansehnlicher Baum. Aus einem zweiseitigen Referat ist nicht selten eine Diplomarbeit gezimmert worden und aus einer kleinen Ei- und Samenzelle geht so etwas Großes wie Big Air Jordan hervor. Klein muss also nicht klein bleiben. Im Stillen und Geheimen entsteht aus etwas Kleinem eine neue Religion. 1 Messias + 12 Jünger + 100 Jüngerinnen und Jünger im weiteren Umfeld + 1000 Jahre = Weltreligion. Wer jetzt noch meint klein sei uncool, dem kann ich nur sagen. Die kleine Raupe spinnt sich einen Kokon und bald entschlüpft daraus ein wunderbarer Schmetterling. Und das alles so kurz vor Weihnachten. Wer hätte das je gedacht. Sie verstehen jetzt die Analogie mit der Raupe und dem Schmetterling nicht? Das ist nicht weiter tragisch, handelt es sich hier ja nur um ein Beispiel.

Also ich rekapituliere in aller Kürze weil - small is beautiful - um die Worte lieber an der kurzen Leine zu halten, als zu lange in der Spielzeugabteilung herumzustehen: Herr Kurz ist nicht zugegen, Herr Klein hat abgesagt, zum Glück fand dieser kurze Essay somit einen, wenn auch nicht philosophischen, aber dennoch sinnhaften Abschluss.

Vor meiner Zeit als Rockstar lebte ich einige Jahre in Japan...[3]

...und wohnte in einer 11 m^2 großen Garçonnière im achten Stockwerk eines Hochhaus in Tōkyō. Im größten Ballungsraum der Welt mit rund sechsunddreißig Millionen Menschen war diese Wohnung ein Glückgriff gewesen. Noch dazu, weil sie eine direkte Anbindung an das Stadtautobahnnetz besaß, denn vor meinem Balkon lag eine Autobahnraststätte, wo ich frühstücken, zu Mittag und zu Abend essen oder einfach meine freie Zeit verbringen konnte.
Dazwischen war ich Heimarbeiter, baute aus Einzelkomponenten vollständige Produkte zusammen oder ergänzte halbfertige Stücke. Permanent wurden mir neue Lieferungen von den Lkws der Auftraggeberfirmen vor den Balkon im achten Stock gestellt oder bereits fertige Paletten abgeholt.
Ich beschäftigte mich natürlich nicht mit Pipifax wie dem Zusammenbau von Kugelschreibern oder dem Eintüten von Glückwunschkarten. Nein, ich montierte auf meinem Küchentisch Hinterkantenklappen auf die fast dreißig Meter langen Boeing-787-Tragflächen, die mir aus den Mitsubishi-Werken in Nagoya geliefert wurden. Oder ich saß mit dem Lötkolben am Bett, um am Nachtkästchen Bolzen auf die Landefläche eines Flugzeugträgers zu löten. Nebenan hinter den Papierwänden des Hochhauses probte meistens die total schrille Noise-Rock-Band namens Melt-Banana und gab mir das Gefühl in einer riesigen, hektischen Werkshalle zu arbeiten. Zeitweilig vergaß ich dadurch meine exzessive One-Man-Show, die an sieben von sieben Tagen einer Woche über die Bühne ging. Ja, panisch wurde ich zeitenweise. Aber nur dann, wenn großer Zeitdruck herrschte.

Ansonsten blieb ich manisch.
Von morgens fünf Uhr bis nachts um zwei Uhr sägte ich mit der Laubsäge Shintō-Schreine aus heiligen Hinoki-Scheinzypressen, schraubte Billardtische zusammen, malte Mangas auf Panzer oder blies zehntausende Ostereier aus. Aber es machte Spaß und das war die Hauptsache.
Um mir meine Wohnung leisten zu können und meinen Verdienst noch mehr zu steigern, trug ich während meiner Arbeit meist Schulmädchenuniformminiröckchen, die im Anschluss ungewaschen für ein Schweinegeld an abartige Säcke verhökert wurden. Oft konnte ich kaum die hohe Nachfrage bewältigen. Außerdem ließ ich mich mit jenen versifften Kleidungsstücken für diverse, perverse Internetseiten oder Fetisch-Magazine als Schulmädchentranse ablichten. Was mir kurzzeitig Ruhm als Minirock-Star einbrachte.
Nach getaner Arbeit komponierte ich berührende, verdauungsfördernde Songs für öffentliche Hightech-Toiletten-Automaten, bildete den von mir entwickelten Roboter zum Pflegehelfer aus oder schlenderte leger im Yukata-Schlafanzug in die nächstbeste Karaoke-Bar, um ein paar Schmachtfetzen von Tokio Hotel zu krakeelen.
Bevor ich mich dann wieder diszipliniert gegen drei Uhr früh schlafen legte, um am nächsten Morgen wieder alles, zum Wohle der Gemeinschaft, in Bewegung zu halten. Entsprechend dieser Stadt und diesem Land der wahnwitzigen Widersprüche.

Literatur im Wald[1]

Das Reh starrt mich an
Ich starre zurück.

Ich trage der Wildsau
meinen Scheißtext vor.

Sie schüttelt nur den Kopf
& brummt: Zu aufgesetzt, meine Liebe!

Und. Ab.

Ich schreie ihr nach: Du Fåck, du Grausige!

Meine feministische Bergtour [1]

Die letzten Meter auf den Venushügel:
Ich kann nicht mehr!
Meine Freundin zerrt mich weiter.
Ich zetere und meckere: Weißt du nicht,
dass mich meine Muskelkatze morgen
nicht mehr gehen lässt?

Oben packe ich meine Flachfrau aus,
trinke mit gierigen Schlucken
und trage mich ein ins

Zipfelbuch.

5000,

Schwitz 1[1]

Mein Vater
der alte Hippie, Weltverbesserer, Neugier-Gierer
wagte sich kurz vor Silvester zum ersten Mal
in ein Nicht-Dampfbad,
in eine Nicht-Wärmekabine,
nicht-finnische, nicht-normale
sondern: spirituell-rituelle
Schwitzhütte.

Kräfte beschwören!
Nord-Süd-Ost-West-Geister!
Vergangenes heraus schwitzen!
Belastendes loslassen!
Neues willkommen heißen!
Ho!
Yeah, es lebe die Hüterin des Feuers!
Und die Steinträger sowieso!

Schwitzhüttenschwitz.
Kräfteholkraft.
Roterkopfrot.

Durchhalten, fallenlassen, einlassen!
Nur mein Vater, der Kommunalpolitiker,
Bodensteher, Realist
kriecht aus der Jurte
splitternackt

und

isst heimlich einen Landjäger!

Schwitz 2[1]

8-jährig
in der hauseigenen Sauna
let's schwitz! Aber schwierig mit
Neurodermitis: I daschwitzes nit!
So kauere ich mich
auf den Fliesenboden - über mir
die nackte Familie -
und schnaufe/hechle/atme
aus dem Belüftungsloch.

Vor meiner Zeit als Rockstar lebte ich einige Jahre in Argentinien...[3]

...und leitete gemeinsam mit meiner Ex-Frau das exquisite 5-Sterne-Ressort „El Pingüino" an der Küste Patagoniens. Auf der idyllisch von Sand- und Kiesstränden gesäumten Halbinsel Punta Tombo gelegen, bot unsere Hotelanlage jeglichen Komfort und Luxus: Kolossale und klimatisierte Suiten mit großzügigen Balkonen und grandiosem Ausblick auf den Atlantik. Individuell eingerichtet mit Super-King-Size-Betten, großen Plasmafernsehern mit hunderten verschiedenen Sendern, einem Soundsystem, einem Großraumbüro, einem Tanz- und Speisesaal mit Küchenzeile inklusive eigenem Koch und privatem Butler. Sowie mit zwei Bädern, jeweils mit Jacuzzi, Badewanne und Dusche mit Doppelwaschbecken. Des Weiteren standen Empfangs- und Repräsentationsräume, mehrere Schlaf- und Gästezimmer, Bügel-, Aufenthalts-, Ankleide- und Abstellräume unseren Gästen zur Verfügung. Mehrere Bars, siebenundzwanzig verschiedene Themenrestaurants mit regionaler und internationaler Küche, achtundvierzig Tennis- und Squash-Plätze, eine 24-Stunden-Rezeption, Shuttleservice, sechs Fußballplätze inklusive Fußballtrainings mit Messi und Maradona, dreiunddreißig Tischtennis- und fünfzehn Billardtische, stündliche Filmvorführungen und Theateraufführungen, dutzende Konzerte mit dem argentinischen Superstar Semino Rossi, abwechslungsreiche Kinderspielplätze, eine reichhaltige Bibliothek, mehrere Supermärkte, drei Friseurläden, siebenunddreißig Geschäfte internationaler Luxusmarken, Massage- und Wellnessangebote, Tae Bo-, Yoga- und Zumba-Kurse, mehrere Fitnessstudios, vier Waschsalons, zwölf Banken, zwei Schönheitskliniken, sowie Babysitting und Kinderbetreuung. Einundfünfzig malerische In- und Outdoor-Pools mit Wasserrutschen, ein 800 m^2 großer Wellness- und Spa-Bereich mit Themensaunen, Dampfbädern und Whirlpools, eine Beautyfarm, acht Ballsäle, hundertelf Konferenzräume, mehrere unterschiedliche Gärten, ein Jachthafen, sechshundert Strandliegen und fünf Hubschrauberlandeplätze vervollständigten unser außergewöhnliches Angebot.

Nur wir hatten keinen Erfolg mit unserer Luxusidee und dem Konzept einer Rundumbetreuung. Obwohl wir das einzige Hotel auf der Halbinsel Punta Tombo waren, die jährlich von zweihunderttausend Paaren und ihren Kindern besucht wurde. Was mir kurzzeitig Ruhm als Alles-Verbockt-Star einbrachte, denn selbst eine Frack-Maßschneiderei und -Wäscherei kam nicht an bei den hier urlaubenden und relaxenden Pinguinpaaren.

Sie zogen es vor nebenan an den Stränden zu hausen, diese umzugraben, lauthals herum zu kreischen und einen fürchterlichen Gestank zu verbreiten. Statt unsere extra für Pinguine eingerichtete, hauseigene Parfümerie zu frequentieren und es sich in unseren Suiten mit ihrer Brut bequem zu machen.

Warum unser exquisites 5-Sterne-Pinguin-Ressort für Pinguine uninteressant war, verstehe ich bis heute nicht.

(Die Grundidee zu diesem Text entstammt einem Gespräch mit Myriam Antinori und Maresa Bodenberger)

TRAURIGE
MEER
us Melancholicus
Melancho
KUMMERLAND

Frauensolidarität auf Fischkopfbrot[1]

Lettischer Staatsfeiertag! Let's celebrate together!
What about traditional Latvian food?
Das lässt sie sich nicht zwei Mal sagen.
Und auf geht's: Zack, zack, zack, Kopf ab vom
Mini-Fisch (brav im Rucksack von Lettland nach
Innsbruck geschleppt, Innereien nicht entfernt)
und rauf auf den Pumpernickel! Zack, zack, zack!
Transkulturelle Kompetenzen haben sie allemal,
die fünf Österreicherinnen. Und gehen, dezent,
heimlich, verlegen speiben, was das Zeug hält.
„Mhhhhhhm, thank you!“, höre ich schwach aus
der Ferne. Die Klospülung rauscht mein Würgen fort.

Vorabende[1]

Vorabend Innsbruck:
Grauslig-kalt
packt die Angst vor dem Osten meine Seele

grau
Plattenbauten
Massaker
grau

grau
Vergewaltiger
Bettlerinnen
grau

Ich weine ins Telefon
und zittere im Nebelkleid

Vorabend Tbilissi:
Innen-warm
lacht mein Rotweinherz in deine Nacht
und blickt mitteleuropäisch auf eure Hügel

rot
Schnörkelbalkone
Tanzeskraft
gelb

grün
Festungshügel
Herzberührung
blau

Ich weine in dein Glitzerkleid
und streichle deine Leute

Berührungen

Maria Compassia Valeria Intensiva [1]

Immer immer
Immer immer immer
Immer tiefer hineinbohren

Immer ein bisschen genauer nachfragen
Immer dranbleiben immer
Immer nie aufhören

Immer nachdenken analysieren
Immer immer noch einmal
Immer immer alles alles wissen wollen

Immer intensiv leben
Immer immer immer
Immer nimmer.

Fremd[2]

Meine Depression ist bei mir heimisch geworden, ist gewiss von der Fremde zugewandert, eingewandert in mich. Man könnte also durchaus behaupten, dass sie sozusagen und gewissermaßen einen Migrationshintergrund hat.

Wartesäle dieser Welt[2]

Nachdem mir meine Therapeutin in unaufdringlich schlichtem Ton beigebracht hatte, dass sie erst im Jänner wieder einen freien Termin hätte, wir schrieben damals den 14. September 2011 Anno Domini, erkundigte ich mich kurz darauf bei der nahe gelegenen Trafik, ob sie ein Verzeichnis aller Brücken Tirols, geordnet nach deren Höhe, im Sortiment hätten. Der Trafikant schüttelte geistesabwesend den Kopf, begriff aber im letzten Moment den Ernst der Situation und versuchte nun, mir armen Irren, das Telefonbuch vom Oberland aus dem Jahr 1989 anzudrehen. Meine noch gefühlten vier funktionstüchtigen Gehirnzellen gleichgeschaltet, lehnte ich dankend ab und begab mich zum Wunderheiler, den mir mein Freund T. empfohlen hatte. Im Wartezimmer belauschte ich die anderen Wartenden. Ich vernahm eine Schreckensmeldung nach der anderen: Gehirntumor, Beinamputation, Krampfadern. Das Leid in Afrika und der Krieg in Timbuktu kamen mir durch die flüsternden Patienten zu Ohren. Das ginge ja alles noch, hätte mich nicht immer ein quälender Gedanke malträtiert: „Das ist alles deine Schuld". Säße ich nicht in diesem Zimmer, wären alle Anwesenden Kranken gar nicht krank sondern hüpften stattdessen vergnügt in Zeitlupe über die Wiesen dieser Welt. Mit meinem letzten Rest von Verstand verwarf ich schließlich diese negativ aufgeladene Allmachtsfantasie und ließ den Gesprächen ihren Lauf. Dieses verflixte, selektive Denken spielte mir in letzter Zeit ordentliche Streiche. Wo ich auch hinkam, was ich auch las, alles handelte von Krankheit, Tod und Verderben. Sogar den Tod von Osama bin Laden nahm ich persönlich.

Jetzt, wieder etwas klarer im Kopf, saß ich zum wiederholten Mal in einem Warteraum, dieses Mal in dem meines Hausarztes. Ein wohltuendes Gefühl unter geistig Anwesenden zu sitzen und selbst so zu tun als wäre ich bei bester Gesundheit, überkam mich. In letzter Zeit dünkte mir, dass ich meine Zeit mit Vorliebe in Warteräumen verbrachte. Brigitte lesend schaute ich wohlwollend in die Runde der anderen Wartenden. Ja es stimmt, während viele Menschen mit ernsthaftem Eifer ihrer täglichen Arbeit nachgingen, für das Wohl Österreichs und gewiss auch für das der Menschheit sorgten, saß ich AMS-Empfänger tagelang in den Wartesälen dieser Stadt und wartete bis eine Stimme mit greller Bestimmtheit meinen Nachnamen aufrufen würde. Mir kam es vor, als ob die ganze Welt nur noch aus Wartesälen bestünde und darin zu sitzen sei meine einzige Aufgabe in dieser Welt. Ein doch etwas deprimierender, wenn auch opferbereiter Gedanke. Wenigstens konnte ich mir die Zeit mit aufmunternder Literatur wie „Gartenrevue" oder „Men's Health" vertreiben. Die gestählten Körper trugen jedoch nicht zu meiner Erbauung bei, bis ich schließlich des Wunders Photoshop gewahr wurde und mir einredete, dass diese Körper nicht von Mutter Natur so gestaltet worden seien.

Langsam betrat ich den Weg zurück in die seelische Freiheit, flankiert von starken Geschützen an Medikamenten und einer liebevollen Therapeutin, die mir Mut zusprach. Nein, nicht die vom Anfang der Geschichte, eine andere. Wie oft ich die Heilige Maria, Jesus und alle Schutzengel für psychische Krankheiten angerufen hatte, das wusste ich nicht mehr. Die vielen Teelichter und russarmen Kerzen, die ich in den Kirchen und Dome dieser Welt im letzten Jahr angezündet hatte, blieben auch ungezählt. Groß war der Zuwachs an Wissen und Kenntnis der Heiligen Schrift, einerseits durch eigenes Bibelstudium, andererseits durch den alltäglichen Messbesuch. Zum ersten Mal in meinem Leben begriff ich, warum die Kirche diesen besonderen Service der Werktagsmesse, zu verschiedenen Zeiten an verschieden Orten anbot, zumal mit der wöchentlichen Sonntagsmesse die Christenpflicht doch erfüllt gewesen wäre. Nein, die Werktagsmesse war für Personen wie mich eingeführt worden, die sich so tagtäglich davon überzeugen konnten, dass Gott wahrhaftig unter uns und in unserem Herzen weilt. Ich versuchte, IHN jeden Tag in diese meine Wohnung einzuladen, sie etwas gemütlicher einzurichten, vom Erdloch zur komfortablen Zweizimmerwohnung. Damit es IHM auch nicht verdrießlich werden würde bei mir. Ich spürte langsam, wie sich mein Inneres wieder bewegte. Und ich bewegte mich wieder in der äußeren Welt, mit zunehmender Sicherheit. Meistens jedoch auf Schienen.

Als Wanderer zwischen den Welten hatte die ÖBB schon Einiges an mir verdient. Dafür konnte ich 1. Klasse fahren und bekam seit Jahren einen Happy Day Orangensaft und ein Kit Kat zur Begrüßung. Ab und zu verliebte ich mich in eine Bordkellnerin mit tschechischem Akzent. Die, die mir immer so freundlich den Standard, oder auch die Kronenzeitung zur Lektüre reichte. Meine Uhr funktionierte zum Glück auch wieder, das Datum blieb nicht immer auf dem 11. stehen, meinem Geburtstag. Das war wohl symbolisch zu betrachten, die Welt drehte sich wieder und ich mich mit ihr. Aber wohin?

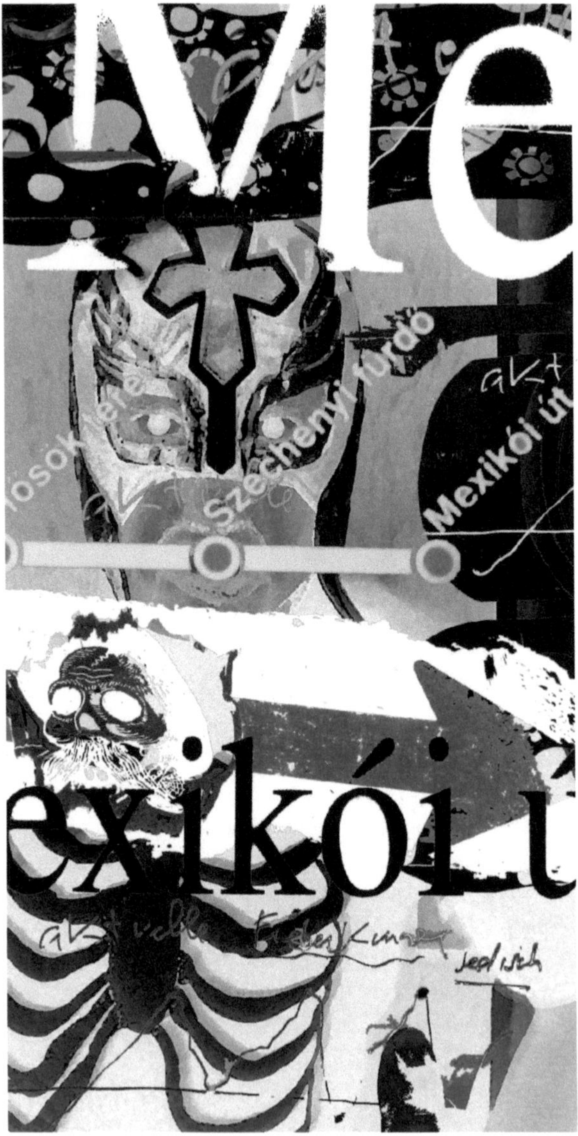
Me
exikói ú
Széchenyi fürdő
Mexikói út

Vor meiner Zeit als Rockstar lebte ich einige Jahre in México...[3]

...und verdiente meine Pesos als Lucha-Libre-Kämpfer in México City oder besser gesagt in México D.F. Eine Abkürzung, die von Lebensmüden, PessimistInnen oder meinen Gegnern oft als Distrito Funeral gedeutet wurde. Nicht nur wenn Popôcatepētl, der allerwerteste Vulkan seine Aschewolken in den Himmel schickte.
Eigentlich wollte ich mich ja „El Inspirador“ nennen, was übersetzt leider nicht „Der Inspirator“ sondern „Der Atemmuskel“ bedeutete und so suchte ich nach einem besseren Namen. Aufgrund meiner körperlichen Voraussetzungen, schlug der Mexikanische Lucha-Libre-Dachverband vor, ich sollte mich „El Espárrago“ nennen, was soviel wie „Spargeltarzan“ hieß. Also suchte ich weiter und wurde fündig. Als Reminiszenz an den beim Erdbeben von 1985 umgekommenen Rockmusiker Rodrigo González, nannte ich mich „El Rockdrigo“. Er galt als Bob Dylan Mexicos, hatte die nahe der Lucha-Libre-Arena gelegene Metrostation Balderas besungen und dadurch berühmt gemacht. Ihm zu Ehren vermöbelte ich fortan meine Kontrahenten.
Als Luchador war man besonders bei Kindern und Jugendlichen sehr angesehen, die in Stickeralben Aufkleber der Freistilringer sammelten und die Masken der bekanntesten Catcher trugen. Offiziell gab es zwar Regeln, die vor allem für diejenigen interessant waren, die keinen Tau von der Materie hatten. Inoffiziell war es natürlich ein abgekartetes Spiel, das sich die jeweiligen Promoter im Vorfeld ausgeschnapst hatten. Mein Boss, der sich „El Chapo de Sinaloa“ nannte, machte in seiner Freizeit irgendetwas Dubioses. Er sprach oft von Pandas oder Bandas, was ich nie so richtig verstand.

Hauptsache ich gewann und er stand hinter mir, indem er die finanziellen Fäden im Dunstkreis des organisierten Verbrechens zog.
Vor und zwischen den Kämpfen gab es in den schwülen Katakomben der Arena für die Luchadores Ohrwaschlkaktussuppe, Nachos, geröstete Heuschrecken, Pulque und Mezcal for free. Deshalb bereitete auch ich mich im Buffetbereich auf meine Kämpfe vor, blätterte manchmal in jenem an der Wand hängenden, sehr schön illustrierten Biene-Maja-Kalender. Dem allerdings die Seiten nach dem 21. Dezember fehlten. Vermutlich weil zu Weihnachten eh niemand etwas vorhatte. Auch nicht die gegnerischen Luchadores, die lagen nämlich in den überfüllten Reha-Zentren.
Ursprünglich kam ich ja vom Freistilwringen und gewann bereits als Jugendlicher Wettkämpfe, die vom Wettex-Konzern gesponsert wurden. Was noch nicht unbedingt daraufhin deutete, dass ich ein wirklich harter Brocken war. Ein Raubein, wie sich später herausstellen sollte. Pitsch, Patsch, Putsch machte es und mein Gegner lag am Kreuz. K. o. und mit schweren Verletzungen wurden meine Kontrahenten aus dem Ring getragen oder wenn noch notwendig, ins Krankenhaus gefahren. Was mir kurzzeitig Ruhm als Rammbock-Star einbrachte. Was aber nicht üblich war für Lucha Libre. Denn hier dominierten normalerweise spektakuläre Flugmanöver, versierte Haltegriffe und akrobatische Einlagen.
Dennoch blieb ich ungeschlagen, was sich auch darin manifestierte, dass ich noch nicht demaskiert worden war. Und nun stand der allerletzte Kampf meiner Karriere bevor. Die Vorkämpfe waren vorbei und die Nummerngirls hatten soeben den Ring wieder verlassen. Enthusiastisch peitschte der Moderator die siebzehntausend ZuschauerInnen ein. Julieta Venegas gab ihr Lied

„Bien o mal“ zum Besten, während ich, eine Flasche Sol in der Hand, im Scheinwerferlicht durch die Halle stolzierte und das Publikum begrüßte, das mich frenetisch bejubelte.
Der Kampf begann: Mein Gegner war „Capullo“, ein übergewichtiger Bösewicht, der nach wenigen meiner Würfe bereits keuchend am Boden lag. Ich zog meine schwarze Maske zurecht, strich mir über die fettig glänzende Haut und stieg auf das oberste Seile des Rings, um mich auf den Fettsack zu stürzen, der vom Publikum schon mit vollen Bierbechern und Chicken Wings beworfen wurde. Das Seil unter mir zitterte. Mit einem Flying Crossbody wollte ich das Finale meines letzten Kampfes einleiten. Die Menge johlte und ich war der einzige, der das enorme Beben der Erde nicht spürte.
Seelenruhig stieß ich mich ab, schloss die Augen und genoss den schier endlos langen Flug. Was ich aber nicht mitbekam, war, dass sich zum Zeitpunkt meines Absprungs ein meterbreiter Spalt im Ring aufgetan und Capullo verschlungen hatte. Und so verzögerte sich auch mein Aufprall. Ich öffnete die Augen. Die Schwärze blieb. Mauern rauschten an mir vorbei. Und bald auch mein Leben, meine Kämpfe, meine Abenteuer. Ich segelte in den Abgrund, dem Tod entgegen. Vermutlich einige Stockwerke tiefer prallte ich hart, aber noch gedämpft vom nicht mehr ganz lebendigen Körper meines Gegners, auf und verlor das Bewusstsein.
Wochen später, als ich wieder auf dem Weg der Besserung war, erzählte mir das Pflegepersonal des Hospitals, dass ich auf meinem Sturzflug in die Tiefe einen unbekannten Tempel Tenōchtitlans entdeckt hatte, der alle bisher bekannten Bauwerke der Azteken völlig in den Schatten stellen sollte.

Frauenbegegnungen[1]

Frauenbegegnung 1: Maja

Mittsommerfest. Finnischer Tango wirbelt Staub auf. Der rotgestrichene Holzpavillon zittert vor Leidenschaft der blumengekrönten Königinnen, die ihre betrunkenen Tölpel durch die Luft wirbeln. Maja lacht mich an.

Frauenbegegnung 2: Eunice

Nairobi. Einkaufszentrum. Sie steht vor mir und lächelt mich an: Fein geschneidertes MausGrauKostüm, Stöckelschuhe, die Haare sitzen perfekt, das Baby im bunten Tragetuch am Rücken. Statt der Handtasche: Ein totes Riesenhendl an den Beinen gepackt. Ach! Ich hätte dich doch so gerne in eine Schublade gesteckt, Eunice!

Frauenbegegnung 3: Shahnaz

Shahnaz betritt den Raum. Ihr Shalwar-Kameez liegt eng an, ihre Brustwarzen zeichnen sich unter dem weißen Stoff ab. Sie setzt sich neben mich, ruft den Männern zu:
Whiskey! Ich staune. So leben Alleinerzieherinnen in Pakistan?

Frauenbegegnung 4: Zeynep

Der Bosporus glitzert, mein çay wie immer zu süß. Gegenüber:
eine muslimische Frauenrechtsaktivistin mit Kopftuch. Ihre Tochter: Gothic without head scarf.

Frauenbegegnung 5: Sanam

Im Flüchtlingslager sind es die Frauen, die anpacken. Meterlange Holzbalken für die Notunterkünfte am Kopf. Feuer machen bei Regen. Eiskalte Finger kneten Brot. Das Lagerleben fest im Griff. Die Männer warten auf Entschädigungszahlungen aus der Hauptstadt. Stehen, schauen, das Erdbeben hat sie erstarren lassen.
Mitten drin: Sanam zeigt mir die US-Aid-Army-Hilfslieferung. Vom Himmel gefallen. What the f***?, denk ich mir und wir lachen über die Mikrowellen-Ravioli.

Verschneite Spur[2]

Endlich wieder einmal hinaus aus Innsbruck, aber heute nicht auf der mir unbeliebten Westbahnstrecke, auf der ich schon jeden Baum und jedes Maiglöckchen kenne, sondern auf der bekannten Nebenstrecke nach Scharnitz und weiter nach Garmisch-Partenkirchen. Der Zug nimmt konstant an Geschwindigkeit auf und gewinnt auch sehr schnell nach dem Bahnhof Innsbruck Hötting an Höhe. Ich komme mir vor wie in einem Flugzeug, nur dass mein Railjet kein Jet ist, sondern ein guter, alter Regionalzug. Ich blicke aus dem Fenster, links von mir wird das Inntal langsam kleiner, deutlich lassen sich die landwirtschaftlichen Anbauflächen voneinander unterscheiden. Mais, Kartoffeln, Marihuana. Da ich unter leichter Flugangst leide, kommt mir diese Mischung aus Zug und Flugzeug sehr gelegen. Ich bin fix auf dem Boden mit den Schienen verbunden, genieße aber doch den Ausblick wie aus einem startenden Flugzeug. Das ist gewissermaßen Fliegen für Ängstliche. Bis wir dann durch die Galerie fahren, die von der Inntal-Autobahn so gut zu sehen ist. Meiner Meinung nach sind diese drei, vier Sekunden das Beste, was diese Bahnstrecke zu bieten hat. Ich fahre mitten durch den Wald und breche neue Höhenrekorde, fahre an unglaublich verschneiten Bergen vorbei. Direkt vor mir, ein paar hundert Meter von mir entfernt, ragen Gipfel in ihrer ganzen Pracht empor. Göttliche Kulissenschieber sind hier wohl am Werk.

Das Zugfahren beruhigt mich, weil ich mich in einer Zwischenwelt befinde, wo alles seine Bedeutung verliert. Alles gewinnt und verliert seine Bedeutung hier (Johannes Hartl), wenn ich mit dem Zug fahre. Die Welt dreht sich wacker weiter, nur halt nicht um mich (Büne Huber). Aber selbst das ist ab einem gewissen Zeitpunkt egal. Jetzt geht es nur noch ums schmerzlose Überleben.

Langsam nähere ich mich meinem Grab, quatsch, nicht meinem eigenen, sondern dem, welches ich porträtieren, fotografisch festhalten werde. Jesus hat ein neues Grab bekommen, und das steht in Reith bei Seefeld. Ein stattliches, neues Grab hat Jesus Christus da erhalten, vom Pfarrkurator himself entworfen. Ein Ostergrab ist etwas ganz Beindruckendes. Wollte mich sogleich zu Jesus dazulegen und eine Reportage „inside the grave" gestalten, sozusagen ein Interview mit dem toten und danach mit dem auferstandenen Jesus, für die Seiten 4 und 5 im Tiroler Sonntag. Dafür bekäme ich ganz gewiss den Pulitzer-Preis für die beste Reportage, wäre ich Amerikaner.

ZSINA
NSSEXUALIT
S CAP MALA
URINOI

Vor meiner Zeit als Rockstar lebte ich einige Jahre in Australien...[3]

...und betrieb irgendwann in den neunziger Jahren einen unterirdischen Friseursalon in Coober Pedy. Einem kleinen, dreckigen Kaff mit nur zweitausend EinwohnerInnen in einem trostlosen, staubtrockenen Landstrich. Mitten im Outback, hunderte Kilometer von der nächsten Ansiedlung entfernt. Beinahe alle Gebäude, wie Kirchen, Hotels, Geschäfte, Gefängnisse, Büros, Wohnungen, Fußballstadien, Gärtnereien, Krankenhäuser, Schulen, Feuerwehrstationen, Buchläden, Flughäfen, Bordelle, Zoos oder Konditoreien lagen unter der Erdoberfläche, weil Coober Pedy als Opal-Hauptstadt der Welt galt.
Men at Work hatten diese Ortschaft unter der Erde bereits in ihrem Klassiker „Down Under" lobpreisend besungen. Der beige bis rötliche Untergrund war auf der Suche nach dem Stein der Hoffnung seit Jahrzehnten durchlöchert und untertunnelt worden. Daher lag der Gedanke nahe, hier unten einzuziehen und es sich gemütlich zu machen, zumal es draußen meistens weit über 40 °C hatte.
Unten blieb es hingegen angenehm und gleichbleibend kühl, während ich die Haare der Opal-Sucher schnippelte. Da ich auf Kurzhaarfrisuren spezialisiert war, nannte ich meinen Laden „Nick Cave Shave". Der Zulauf war enorm. Die Nachfrage nach Wasserstoffperoxid ebenso, obwohl sich kaum jemand die Haare bleichen oder färben ließ und niemand meinen Salon als blondierter Bergmann verließ. Allerdings füllte ich die mitgebrachten Kanister meiner Kunden mit der hochkonzentrierten Flüssigkeit auf und konnte mir auf diese Weise ein kleines Zubrot verdienen. Den Bergarbeitern war

damit bei ihren Schürfaktivitäten auch geholfen, denn sie bastelten sich aus dem Wasserstoffperoxid unter Beimengung weiterer Chemikalien superbilligen, doch hochsensiblen Sprengstoff, der ihnen aber leider oft schon bei der geringsten Berührung um die Ohren flog.
Was mich als Friseur doch hin und wieder traurig machte, wenn ich Klienten verlor, weil sie plötzlich zu Glatzenträgern wurden. Sie blieben mir aber meistens als Kundschaften erhalten, denn meinem Friseursalon war eine kleine Bar angehängt, die „Weißer Mann im Loch“ hieß. Dies war die Bezeichnung der Aborigines für Coober Pedy und zugleich die Beschreibung des Zustandes der Gäste und meiner selbst. Erfahrungsgemäß war ich in meiner Bar nämlich mein bester Kunde.
Um die harten Bergarbeitergesellen und auch mich manchmal weg vom Alkohol zu bringen, dem nach dem entsetzlichen Malochen natürlich literweise zugesprochen wurde, erfand ich eine köstliche Milch-Shake-Kreation. Ich mischte Minze, Milch, Sahne, Schokosplitter und wertlosen Opalstaub, der beim Schleifen der Steine übrig geblieben war und machte somit aus den Opal-Schürfern Opal-Schlürfer. Nach acht Uhr am Abend servierte ich ihnen dann diesen alkoholfreien Drink, der bald als After-Eight-Shake bekannt wurde.
Dieser alkoholfreien Pause folgten aber regelmäßig Trinkspiele zu kulanten Preisen. Beispielsweise veranstaltete ich Biertrinkwettkämpfe, wo derjenige gewann, der am spätesten zum Pinkeln auf die Toilette musste. Damit wollte ich jedoch nur den Umsatz ankurbeln, nicht aber Schnapsdrosseln Getränkegutscheine spendieren.
„Ich hab doch nichts zu verschenken“, dachte ich mir und brachte eine sehr spezielle Erfindung zum Einsatz. Denn vor Jahren hatte ich mir für Saufspiele, als ich noch ein Lokal unten in Melbourne Brunswick betrieb,

einen Brunztrick einfallen lassen. Genauer gesagt verwendete ich einen von mir insbesondere für Outdoor-Aktivitäten patentierten, ergonomisch konstruierten, eng unter der Hose anliegenden Pinkelbeutel. Was mir kurzzeitig Ruhm als Soak-Star einbrachte, also mich zum König der Säufer und Saufspiele machte. Auch hier im australischen Niemandsland.

(ohne titel)[1]

klein
ganz klein
wurde ich, als ich dich verließ
und mit mir mein großes lachen

liebling, ich habe mich selbst geschrumpft!
und sitze nun mit baumelnden beinen
im kinderkaufladen
starre auf holzkaröttchen und filz-pilz
und warte darauf
gekauft zu werden

Langsam sehr zart
RRERIA

Giorgi, der Abchase[1]

Weit weg, der Kaukasus und seine Brüche!

Und dann:
ein Glitzern
ein kluger Witz
ein kurzes Arm-an-Arm
ein Jetzt-oder-Nie!
Nein, nein, nein: Enttäuschungsblitz,
weil du weg musst!

Und Abchasien liegt plötzlich
zwischen Oberkampl und Stubaier Hof.

MusikDu[1]

Wenn ich bei dir bin:

Fröhlichkeitsbeats
Lebendigkeitsklänge
Die-Welt-Umarmen-Takte
Mit-mir-ganz-eins-sein-Akkorde
Fraglosigkeitsrhythmen
Glücklich-Schlüssel
Herzklopfen-Wiederholung

Ich-spür-mich-Forte

Die AutorInnen der Texte

1) Joanna Maria Egger

geboren 1982, groß geworden in Neustift im Stubaivalley, schleppt als feministisch-kritische Politikwissenschafterin ihren großen Fragekoffer durch die Welt und ist arbeitend, reisend, staunend von Innsbruck aus in verschiedenen Ländern unterwegs (z.B. Pakistan, Türkei, Spanien oder Georgien). Beschäftigt sich beruflich selbstständig und unselbstständig (der Widerspruch bleibt!) mit transkulturellen und jugendarbeiterischen Themen: Vernetzt, antidiskriminierend, geschlechtersensibel, diversitätsbewusst bis sie selbst und die Welt Kopf steht. Dafür aber mit Leidenschaft! Sie ist und bleibt Viele in Einer: Jugendarbeiterin, Jung-Cellistin, Innsbruckerin, ARANEA-Mitgründerin, Miss Verständnis, Mädchenarbeiterin, Netzwerkerin, Denkerin, Alte-Musik-und-Frauen-Rap-Liebhaberin, Sprach(en)-Freundin und – last but not „liest“ – herrschaftskritische Schreibmaschine auf dem literarisch-humoristischen Weg zur Weltherrschaft!

2) Daniel Furxer

wurde 1977 in Feldkirch im schönen Ländle geboren. Studium der Politikwissenschaft und Germanistik. Seit geraumer Zeit Wahltiroler und Stammautor aller bisherigen drei Schreibmaschinen-Tourneen seit 2001. Darf daher auch bei der Erlangung der Weltherrschaft nicht fehlen. Die meisten Veröffentlichungen verzeichnet der Bass spielende Poet im Rahmen des Tiroler Literaturmagazins Cognac & Biskotten, bei dem er seit 1999 heimisch ist. Ansonsten Journalist und Fotograf, meist unterwegs im Namen des Herrn. Konzertfotografie und Berichterstattung bei Events, bei denen die Hosenröhrchen ordentlich flattern. Und wenn dann noch Zeit bleibt, verbringt er seinen Urlaub gern in französischsprachigen Gefilden. Schreibt und rattert mit Vorliebe in Zügen herum, ein Grundthema, das er ostentativ in seine Text einbaut. Lebt und arbeitet in Innsbruck. Im Netz ist er zu finden unter: www.flickr.com/furxi

3) Thomas Schafferer

wurde geboren. Genauer gesagt im Jahr 1973. Danach stürzte sich der leibhaftige Wipptaler (aus Pfons, wer es kennt) bzw. gebürtige Innsbrucker gleich in polyartistische Spielereien und experimentierte in unzähligen bewusstseinserweiternden Kunstgauklereien. Seither versteht er sich als wahnwitziger Querdenker, stürmischer Autorennationalteamkicker, emotionaler Visionär, lyrischer Rocksänger, vernetzender Inspirator und herzlicher Kulturvermittler. Im Netz ist er übrigens unter: www.schafferer.net zu finden. 2012 darf man/frau nun resümierend feststellen, dass dieser noch junge Künstler seit rund 20 Jahren als Literast, Rampensau, Maler oder Konzeptkünstler, seit 15 Jahren als Verleger, Chefredakteur oder Kreativkopf der ungewöhnlichen, polymorphen Tiroler Literaturzeitschrift Cognac & Biskotten und seit 12 Jahren als Urgestein (und Gründer) der Schreibmaschinen die Welt inspirieren, berühren und bereichern möchte. Und dies ist erst der Anfang...

Die Schreibmaschinen

sind eine schrägwitzige Tiroler Literaturkabarettgruppe, die seit 12 Jahren existiert und sich im Jahr 2011 in der Konstellation Joanna Maria Egger, Daniel Furxer und Thomas Schafferer neu formiert hat.

Drei Europa-Lese-Tortouren

wurden bislang von den Schreibmaschinen absolviert. Die erste Tour führte 2001 (in der Besetzung: Daniel Furxer, Markus Köhle, Thomas Schafferer, Melanie Steiner) durch neun europäische Staaten: Österreich, Italien, Deutschland (u.a. Dortmund, Hamburg, Wolfsburg), Großbritannien, Frankreich (Paris, Grenoble), Spanien, Schweiz, Tschechien (Prag, Brünn) und Ungarn (u.a. Budapest). Die zweite Schreibmaschinen-Europa-Lese-Tortour (Besetzung: Daniel Furxer, Markus Köhle, Thomas Schafferer, Peter Wallgram) ging 2002 bis 2003 u.a. nach Hamburg (D), Passau (D) oder Feldkirch (A). Die dritte Tour (Besetzung: Daniel Furxer, Florian Hackspiel, Thomas Schafferer, z.T. Peter Wallgram und Jörg Zemmer) hatte 2004 u.a. Auftritte in Frankfurt a. M. (D), Pfaffenhofen (A) oder Bruneck (I) aufzuweisen. Spätestens im Jahr 2013 wollen sich die Schreibmaschinen wieder auf den Weg machen, um diesmal sogar die Welt zu erobern!

Die Schreibmaschinen sind ein Unterprojekt von Cognac & Biskotten, dem Tiroler Literaturclub und -magazin mit dem Wow-Aha-Effekt. 15 Jahre Literatur im engeren, wie weiteren Sinn.

www.cobi.at

Bisherige Publikationen der pyjamaguerilleros*:

Nr. 10: *Kommissar Probaska: Weltstadt Innsbruck.*
10 humoristisch-skurrile Kurzgeschichten.
Daniel Suckert, Vorwort: Harald Haller / Schienentröster
2010: Innsbruck. ISBN-Nr. 978-3-9503021-0-3

Nr. 9: *Über das Fallen.* 41 Gedichte und 1 Fragment.
Andreas Brugger
2008: Innsbruck. ISBN-Nr. 978-3-9501923-9-1

Nr. 8: *Kaiserschmarrn.* 20 absurde Kurzgeschichten und -krimis.
Thomas Schafferer, Vorwort: Christian Kössler
2008: Innsbruck. ISBN-Nr. 978-3-9501923-8-4

Nr. 7: *Lyrik Rocks.* 2-3-4 rotzfreche Tracks.
Thomas Schafferer, Vorwort: Florian Pranger (Hrsg.)
2007: Innsbruck. ISBN-Nr. 978-3-9501923-7-7

Nr. 6: *Bestialisches Innsbruck.* 12 mysteriös, düstere Kurzgeschichten.
Christian Kössler, Vorwort: Florian Pranger (Hrsg.)
2007: Innsbruck. ISBN-Nr. 978-3-9501923-6-0

Nr. 5: *Female Lyrics*, Texte über Galtür, Hopfgarten i. Br.
und Galtür.
Barbara Aschenwald, Petra Maria Kraxner, Esther Strauß,
Vorwort: Barbara Hundegger
2006: Innsbruck. ISBN-Nr. 978-3-9501923-5-3

Nr. 4: *digitally remastered.* 227 Gedichte aus den Jahren 1992-2006.
Thomas Schafferer, Vorwort: Joachim Gatterer (Hrsg.)
2006: Innsbruck. ISBN-Nr. 978-3-9501923-4-6

Nr. 3: *Gott vs. Satan.* Die größten Flops (...) der Schreibmaschinen
Daniel Furxer und Thomas Schafferer
2003: Innsbruck. ISBN-Nr. 978-3-9501923-2-2

Nr. 2: 1. *Int. Upper-Ground-Festival.* Spectre vs. Cognac & Biskotten.
Anthologie
2003: Innsbruck. ISBN-Nr. 978-3-9501923-1-5

Nr. 1: *splitternackt.* 28 Gedichte.
Thomas Schafferer
2001: Innsbruck. ISBN-Nr. 978-3-9501923-0-8

** Kleinverlag von Cognac & Biskotten - Dem Literaturclub mit dem Woh-Aha-Effekt - www.cobi.at*

Der Dank der Schreibmaschinen geht...

...an die geliebten, geduldigen und großzügigen Menschen, die uns auf unserem Weg bisher begleitet und unterstützt haben, wie unseren Familien, Eltern, Geschwistern, FreundInnen und InspiratorInnen (zwischen O-Dorf, Bern und Islamabad) wie Büne Huber, Johannes Hartl, dem lieben Gott sowie Melanie Steiner und vor allem Julia Rhomberg für die grandiosen Budapest-Tipps!

Ein großes Dankeschön für die Unterstützung und Förderung dieses Buchprojektes geht an: